Inhalt

Modelle zur Reformierung des deutschen Steuersystems

Kernthesen

Beitrag

Fallbeispiele

Weiterführende Literatur

Impressum

Modelle zur Reformierung des deutschen Steuersystems

A.Kaindl

Kernthesen

- Die Chancen für eine große Steuerreform in Deutschland stehen günstig. Allen politischen Lagern ist bewusst, dass eine Erneuerung des deutschen Steuersystems notwenig ist. Zahlreiche Reformmodelle liegen bereits auf dem Tisch.
- Das Konzept vom CDU-Finanzexperten Merz sieht einen Stufentarif im Steuerrecht vor. Die derzeitigen Bestimmungen werden drastisch vereinfacht.

- Der Vorschlag des ehemaligen Verfassungsrichters Kirchhof sieht nur noch eine Einkunftsart vor. Die Trennung zwischen Einkommensteuer und Körperschaftsteuer wird aufgehoben.
- Die Fünf Weisen plädieren für eine duale Einkommensteuer, bei der Kapital- und Arbeitseinkommen unterschiedlich besteuert werden.

Beitrag

Deutschland im Steuerchaos

Die Chancen für eine große Steuerreform in Deutschland stehen günstig. Die notwendigen Konzepte liegen bereits auf dem Tisch: Das Steuergesetzbuch des ehemaligen Verfassungsrichters Paul Kirchhof, der Stufentarif des Unionsfraktions-Vize Friedrich Merz und die Ausarbeitung des Sachverständigenrats zu einem dualen Steuersystem. Die Erkenntnis, dass um eine Erneuerung des deutschen Steuersystems nicht herumgekommen werden kann, ist in allen politischen Lagern präsent. Der Sachverständigenrat hält in seinem Gutachten vom November 2003 das deutsche Steuerchaos für eines der größten

Investitionshindernisse. Hinzu kommt die Hektik, mit der Steuergesetz derzeit ergänzt und Steuerschlupflöcher gestopft werden. Das Hin und Her beim Steuervergünstigungsabbaugesetz, die Diskussion über Steueramnestie und Abgeltungssteuer, die laufenden Nachbesserungen und Modifikationen von Gesetzesentwürfen sowie das rückwirkende Inkrafttreten von Steuerrechtsänderungen verunsichern Investoren und Konsumenten. (1), (10)

Stufentarif vom CDU-Finanzexperten Friedrich Merz

Das Konzept von Merz zur Steuerreform zielt auf eine drastische Vereinfachung der derzeitigen Bestimmungen ab. Es werden nur noch 4 Einkunftsarten unterschieden: Einkommen aus unternehmerischer Tätigkeit, aus nichtselbständiger Tätigkeit, aus Kapitalvermögen und aus sonstigen Quellen. Die Vielzahl von Steuerbefreiungen und Ermäßigungen werden nahezu alle aufgehoben, wie bspw. der Arbeitnehmerpauschbetrag, der Sparerfreibetrag und die Entfernungspauschale. Die CDU will einen Stufentarif im Steuerrecht einführen. Künftig soll es nur noch drei Steuersätze geben. Von den ersten 16.000 des zu versteuernden Einkommens kassiert das Finanzamt 12 Prozent. Der Teil zwischen 16.000 und 40.000 wird mit 24 Prozent besteuert. Für alles, was darüber liegt, gilt ein Steuersatz von 36 Prozent. Jedem Erwachsenen und jedem Kind wird ein Steuerfreibetrag von 8.000 gewährt. Zudem erhält jeder Arbeitnehmer einen Freibetrag von 1.000 als Ausgleich für wegfallende Steuervergünstigungen. Erhalten bleibt nur der Spendenabzug für religiöse, wissenschaftliche und gemeinnützige Einrichtungen. (4), (5), (8)

Die Körperschaftsteuer soll bei 24 Prozent liegen. Es wird nicht mehr zwischen ausgeschütteten und einbehaltenen Gewinnen wie beim jetzigen Steuersystem unterschieden. Für Dividenden soll zum Anrechnungsverfahren zurückgekehrt werden. Das heißt, Dividenden müssen nur auf Unternehmensebene versteuert werden. Wer weniger Steuern zahlen muss, kann eine Erstattung zuviel gezahlter Steuer beantragen. Gewinne aus Beteiligungsverkäufen will die CDU mit dem halben Körperschaftsteuertarif belasten. Der Verlustvortrag soll voll erhalten bleiben. Im Gegensatz zur Bundesregierung lehnt die CDU eine Abgeltungsteuer ab und plädiert stattdessen für die Beibehaltung der Quellensteuer. Der Steuersatz soll ebenfalls bei 24 Prozent liegen. (4), (8)

Das Konzept sieht vor, die Gewerbesteuer in der

Zukunft durch eine wirtschaftskraftbezogene Kommunalsteuer zu ersetzen. Bis auf weiteres jedoch bleibt die Gewerbesteuer nicht nur erhalten, sondern ihre Bemessungsgrundlage wird verbreitert. Da Merz Einkünfte aus gewerblicher Tätigkeit als eigene Einkunftsart nicht mehr vorgesehen hat, müssten alle unternehmerischen Einkommen gewerbesteuerpflichtig werden. Das würde bedeuten, dass auch Freiberufler, Vermieter und Landwirte Gewerbesteuer zahlen müssen. (8)

Das Steuerkonzept von Friedrich Merz wird von den Fünf Weisen kritisiert. Es lasse viele Fragen offen und behandele Personen- und Kapitalgesellschaften unterschiedlich. Auch die Besteuerung von Kapitaleinkünften sei nicht neutral. Diese führt tendenziell zu einer zusätzlichen Steuerbelastung von Kapitalgesellschaften und mache den Standort Deutschland eher unattraktiver. (3)

Steuergesetzbuch von Paul Kirchhof

Die wichtigsten Details des Vorschlages zur Reform der Einkommen- und Körperschaftsteuer von Paul Kirchhof: Statt bisher sieben soll es künftig nur noch eine Einkunftsart geben. Dabei sollen alle Einkünfte, ob aus Kapitalvermögen, Vermietung oder Arbeit, gleichwertig behandelt werden. 10.000 sollen grundsätzlich steuerfrei bleiben (8.000 Grundfreibetrag, 2.000 Kostenpauschale). Für Einkommen ab 10.000 bis 15.000 beträgt der Grenzsteuersatz 15 Prozent, bis 20.000 20 Prozent, darüber 25 Prozent. Das heißt, 75 Prozent des Einkommens sind in jedem Fall steuerfrei. Kirchhof will alle Unternehmen, auch Einzelunternehmen und Personengesellschaften, zu eigenständigen steuerjuristischen Personen machen. Die Körperschaftsteuer wird nach diesem Modell überflüssig, weil mit der Schaffung des Rechtssubjekts Steuerjuristische Person die Trennung zwischen Einkommensteuer und Körperschaftsteuer aufgehoben wird. Der gleichmäßige Steuersatz verhindert, dass zwischen einem Einzelkaufmann, einer Personengesellschaft und einer Körperschaft unterschieden wird. Da möglichst viele Einkünfte direkt an der Quelle besteuert werden, erübrigen sich komplizierte Anrechnungsverfahren. Die niedrigen Steuersätze werden durch die Abschaffung sämtlicher Steuervergünstigungen und Steuergestaltungsmöglichkeiten ermöglicht. (2), (6)

Kirchhof unterscheidet bei den Veräußerungsgewinnen: Bei Immobilien will er die Gewinne voll besteuern. Bei Unternehmensanteilen wird der Gewinn auf zehn Prozent pauschaliert; wenn der Gewinn größer ist, bleibt er steuerfrei. Ist er kleiner, wird wie bisher ein Einzelnachweis der Anschaffungskosten nötig. Was aber, wenn Immobilien in Unternehmen eingelegt und anschließend anteilsmäßig verkauft werden, um weniger Steuern zu zahlen? Auf solche Fragen und in Bezug auf Einzelheiten der Verrechnung von Veräußerungsverlusten bleibt Kirchhof Antworten schuldig. (7)

Kirchhof hat sein Steuermodell gegen Kritik verteidigt. Er wies den Vorwurf zurück, sein Spitzensteuersatz von 25 Prozent sei sozial nicht gerecht und deshalb politisch nicht durchsetzbar. Kirchhof sagt, wenn alle Steuervergünstigungen abgebaut werden, wie er selbst und Friedrich Merz es planen, dann sei der Spitzensatz von 36 Prozent im Merz-Konzept viel zu hoch. Werden zu diesem Satz noch rund 20 Prozentpunkte für die Belastung mit indirekten Steuern hinzugerechnet, ergibt sich eine Gesamtbelastung von über 50 Prozent. Das verletze aber den Halbteilungsgrundsatz, den das Bundesverfassungsgericht aufgestellt habe. In der Steuerpolitik wurde bisher davon ausgegangen, dass sich der Halbteilungsgrundsatz allein auf direkte Steuern bezieht. Kirchhof vertritt jedoch die Meinung, dass es dem Steuerzahler egal ist, durch welche Steuer er belastet wird. Kirchhof verteidigte sein Konzept auch gegen den Vorwurf, sein Konzept zur

Unternehmensbesteuerung zerstöre die deutsche Kultur der Personenunternehmen: Die mittelständische Kultur, dass der Inhaber mit seinem Privatvermögen voll haftet, existiert in Deutschland kaum noch, wie an den vielen GmbH & Co.KGs zu sehen ist. Diese Rechtsform begrenzt die Haftung des Unternehmers. Das Konzept von Kirchhof schafft die Freiheit, die Rechtsform unabhängig von steuerlichen Überlegungen zu wählen. (2)

Kirchhof erhält für sein Konzept parteiübergreifend Unterstützung von den unionsgeführten Ländern Sachsen, Bayern und Baden-Württemberg sowie von den SPD-regierten Ländern Rheinland-Pfalz und Nordrhein-Westfalen. (9)

Duales Steuersystem vom Sachverständigenrat

Die Sachverständigen plädieren für eine duale Einkommensteuer, bei der Kapital- und Arbeitseinkommen unterschiedlich besteuert werden. Kapitaleinkommen werden mit einem einheitlichen Satz besteuert, Arbeitseinkommen weiterhin progressiv. Der Steuersatz auf Kapitaleinkommen sollte bei 30 Prozent liegen. Bei Arbeitseinkommen könnte der Eingangssteuersatz etwa 15 Prozent und der Spitzensatz 35 Prozent betragen. Die Kapitaleinkommen schließen Unternehmensgewinne von Einzelunternehmen und Personengesellschaften, Dividenden, Zinsen, Einkünfte aus Vermietung und Verpachtung sowie private Veräußerungsgewinne ein. Arbeitseinkommen sind Löhne, Renten, Pensionen und staatliche Transferzahlungen. Die Körperschaftsteuer soll in diese Kapitaleinkommensteuer integriert werden. Mit der Übereinstimmung von Körperschaftsteuersatz und Satz auf Kapitaleinkommen will der Sachverständigenrat die Doppelbesteuerung von Ausschüttungen sowie Gewinnen aus der Veräußerung von Kapitalanteilen vermeiden. Diese sollen beim Unternehmen einmal definitiv besteuert und nicht erneut belastet werden. Zur Finanzierung der Gemeinden wird ein Zuschlag auf Arbeits- und Kapitaleinkommen vorgeschlagen. (3), (10)

Die niedrige Besteuerung von Kapitaleinkommen hat zwei wirtschaftliche Zielsetzungen: Zunächst einmal soll das Kapital im Land gehalten und der Investitionsstandort für ausländisches Kapital attraktiv gemacht werden. Zum anderen soll die bisher in Deutschland wegen der unterschiedlichen Ermittlungsmethoden des Einkommens bestehende Überbelastung der privaten und unternehmerischen Investitionen beseitigt werden. (7)

Kirchhof verwarf das Steuerkonzept des Sachverständigenrates mit folgender Begründung: Ein prinzipieller Belastungsunterschied zwischen Kapital- und Arbeitseinkommen, verstoße gegen die im Grundgesetz garantierte Berufs- und Eigentumsfreiheit. (2), (9)

Rolf Peffekoven, selbst ehemaliges Mitglied des Sachverständigenrates, vertritt die Auffassung, dass das duale Steuersystem der Fünf Weisen gegen die horizontale Steuergerechtigkeit verstoße. Diese Norm bestimmt, dass Personen mit gleichem Einkommen in vergleichbarer Lebenssituation auch gleich viel Steuern zahlen sollten. Unter Fachleuten ist die Mehrheit keineswegs für ein duales Einkommensteuersystem, sondern für eine synthetische Einkommensteuer. Dabei werden alle Einkünfte einer Person zusammengefasst und einem einheitlichen Steuertarif unterworfen. (9)

Alle Reformer haben niedrigere Tarife auf der Agenda. Dabei spielt es fast keine Rolle, ob diese dann progressiv oder stufenweise in die Steuerberechnung Eingang finden, da beide Versionen die Bedingungen für ein gerechtes Steuersystem erfüllen. (1)

Die derzeit vorliegenden Reformkonzepte zielen auch auf eine grundlegende Abkehr vom Konzept Steuern durch Steuern ab. Steuervergünstigungen sollen Investoren und Verbraucher zu politisch erwünschtem Handeln führen. Ergebnis ist eine gigantische Fehllenkung von Kapital, wie zuletzt auf dem ostdeutschen Immobilienmarkt zu sehen war. (1)

Fallbeispiele

Der Sachverständigenrat hat die Steuerbelastung von Kapitalgesellschaften auf Unternehmensebene untersucht und kam zu folgendem Ergebnis: Die Tarifbelastung beträgt im laufenden Jahr hierzulande 40,7 Prozent, die effektive Durchschnittsbelastung aber nur 37,2 Prozent. In Frankreich sind es 35,4 zu 34,9 Prozent. Ein Unterschied besteht zwar noch, der Abstand ist aber kleiner geworden auch gegenüber vielen anderen europäischen Ländern. Das erklärt auch, dass nach wie vor allerdings in zu geringem Ausmaß in Deutschland investiert wird. So ist den internationalen Unternehmen wohl bekannt, dass die nominalen Steuertarife in Deutschland nur Schaufensterpreise sind und die tatsächliche Belastung zum Teil deutlich darunter liegt. Aber bei Standortvergleichen sind Vergleichsmaßstäbe notwendig und hierfür sind nun mal die nominalen

Steuertarife heranzuziehen. Auf eine womöglich niedrigere Durchschnittsbelastung können sich die Investoren angesichts des sich ständig ändernden Regelwerks nicht verlassen. (1)

Weiterführende Literatur

(1) Hohe Steuersätze sind Opium für das Volk
aus Börsen-Zeitung, 25.11.2003, Nummer 227, Seite 8

(2) Kirchhof greift seine Kritiker an Ex-Verfassungsrichter rügt Merz-Tarif · Konzept der "Fünf Weisen" grundgesetzwidrig
aus Financial Times Deutschland vom 14.11.2003, Seite 14

(3) Beise, Marc, Das Jahresgutachten: Wirtschaftsweise finden Reformen gut und kritisieren die Steuerpolitik, Vom Chaos zum System, SZ vom 13.11.2003, Ausgabe Deutschland, S. 20
aus Financial Times Deutschland vom 14.11.2003, Seite 14

(4) Wagner, Sylke, Wider die Chaotisierung des Steuersystems Merz setzt sich mit seinem Konzept durch: Mehr Transparenz sowie Entlastungen für Bürger und Unternehmen, Wiesbadener Kurier, Main-Taunus-Kurier vom 3.12.2003
aus Financial Times Deutschland vom 14.11.2003, Seite 14

(5) Maurin, Jost, Stufensteuer und Kopfpauschale, Die Vorschläge der CDU, SZ vom 3.12.2003, Ausgabe Deutschland, S. 2
aus Financial Times Deutschland vom 14.11.2003, Seite 14

(6) Steuererklärung in zehn Minuten
aus Darmstädter Echo, 14.11.2003

(7) Wagner, Franz W., Verfassungsrecht gegen Wachstum, Die Wahl zwischen ökonomischen Argumenten und juristischen Bedenken, SZ vom 18.11.2003, Ausgabe Deutschland, S. 24
aus Darmstädter Echo, 14.11.2003

(8) Die Merz-Vorschläge zur Vereinfachung des Einkommensteuerrechts
aus Frankfurter Allgemeine Zeitung, 04.11.2003, Nr. 256, S. 13

(9) Duale Einkommensteuer stößt bei Fachleuten auf Kritik
aus Frankfurter Allgemeine Zeitung, 14.11.2003, Nr. 265, S. 15

(10) "Fünf Weise" dringen auf duales Steuersystem
Nur noch zwei Einkunftsarten - Gegen Verzerrungen von Investitions- und Finanzierungsentscheidungen
aus Börsen-Zeitung, 13.11.2003, Nummer 219, Seite 7

Impressum

Modelle zur Reformierung des deutschen Steuersystems

Bibliografische Information der deutschen Nationalbibliothek

Die Deutsche Nationalbibliothek verzeichnet diese Publikation in der deutschen Nationalbibliografie; detaillierte bibliografische Daten sind im Internet über http://dnb.d-nb.de abrufbar.

ISBN: 978-3-7379-1311-9

© 2015 GBI-Genios Deutsche Wirtschaftsdatenbank GmbH, Freischützstraße 96, 81927 München, www.genios.de

Alle Rechte vorbehalten. Dieses Werk ist einschließlich aller seiner Teile – z.B. Texte, Tabellen und Grafiken - urheberrechtlich geschützt. Jede Verwertung außerhalb der Grenzen des Urheberrechtsgesetzes bedarf der vorherigen Zustimmung des Verlags. Dies gilt insbesondere auch für auszugsweise Nachdrucke, fotomechanische Vervielfältigungen (Fotokopie/Mikroskopie), Übersetzungen, Auswertungen durch Datenbanken oder ähnliche Einrichtungen und die Einspeicherung und Verarbeitung in elektronischen Systemen.